BUBBLE TEA TÉ DE PERLAS

BUBBLE TEA TÉ DE PERLAS

RECETAS Y FOTOGRAFÍAS DE
SANDRA MAHUT
ILUSTRACIONES DE
VALENTINE FERRANDI

ELFOS

CONTENIDO

Tutorial del té de perlas   pág. 11
Té de perlas... el secreto   pág. 48
Disfrútelo con piruletas de gofre   pág. 66

14

HORCHATA Y LECHE DE ALMENDRA

16

LATTE DE COCO CALIENTE

18

MELOCOTÓN Y BEBIDA DE AVENA

20

LATTE CON CARAMELO

22

PLÁTANO Y FRESA

24

MANGO Y MARACUYÁ

28

AZÚCAR MORENO

30

TÉ MATCHA

32

LECHE CONDENSADA,
NATA Y VAINILLA

34

TARO

36

CREMA QUEMADA

40

TÉ VERDE DE JAZMÍN Y LIMA

42

MANZANA VERDE

44

MARACUYÁ

46

GRANADA Y GRANADINA

50

FRAMBUESA

52

LICHI Y SIROPE DE ROSA

54

GELATINA DE FRESA Y TÉ HELADO

58

GELATINA DE POMELO

60

GELATINA DE LIMÓN

62

GELATINA DE HIERBA
Y LECHE DE COCO

64

GELATINA DE PANDÁN

LOS INGREDIENTES

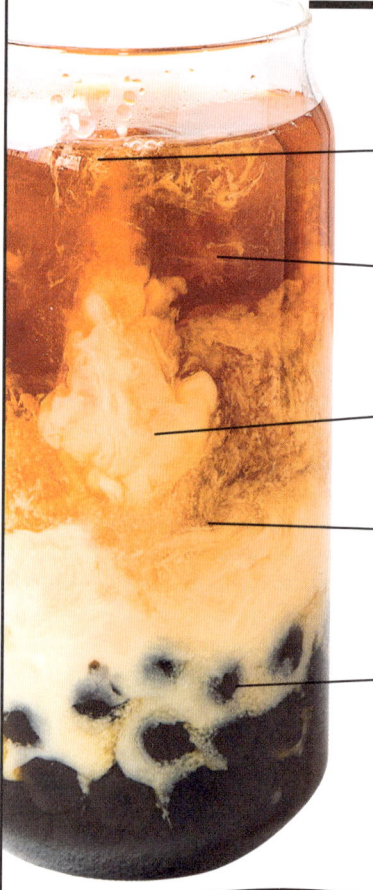

Cubitos de hielo

Té (verde, negro, blanco)

Bebida vegetal o leche de vaca

Sirope de azúcar o de fruta

Perlas de tapioca o de fruta

CONSERVACIÓN

El té de perlas se prepara en 15 minutos y se disfruta de inmediato.

Las perlas de tapioca o de fruta se pueden conservar varios días en una solución azucarada.

UTENSILIOS BÁSICOS

1 cañita XXL
1 cuchara dosificadora o una báscula de cocina
1 coctelera
1 termo
vaso medidor de 40 cl / 20 cl
2 vasos altos de 350 ml

TUTORIAL DEL
té de perlas
EN 4 PASOS

1 Prepare el té

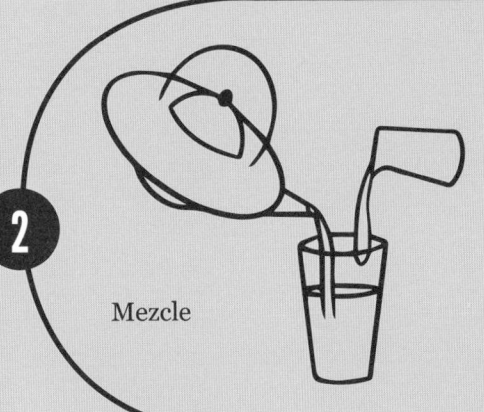

2 Mezcle

Añada las perlas

3

¡Hágase con una cañita
y disfrute!

4

DATOS CURIOSOS

¡Es una de las bebidas favoritas en *Taiwán*!

•

La *cañita XXL* es el elemento imprescindible
para sorber las perlas.

•

¡El té de perlas nació en las calles de Taiwán
en la década de 1980!
Lo especial de esta bebida es que hidrata,
¡pero también alimenta! Puede sustituir un postre
cuando comemos por la calle.

Horchata
y leche de almendra

PARA 2 PERSONAS
PREPARACIÓN 15 MINUTOS

10 g de té negro Assam

400 ml de agua caliente

300 ml de leche
de almendra

100 ml de sirope
de horchata

160 g de perlas de tapioca
cocidas (véase página 48)

1 PREPARE EL TÉ

Vierta el agua hirviendo en una tetera con el té negro
y deje que infusione durante 10 minutos. Filtre y vierta
el té en un termo para que se mantenga caliente.

2 MEZCLE

Vierta en una coctelera el té caliente, la leche
de almendra y el sirope de horchata.
Agite la mezcla dos o tres veces.

3 AÑADA LAS PERLAS DE TAPIOCA

Vierta en cada vaso las perlas de tapioca y añada la
preparación de té.

4 ¡HÁGASE CON UNA CAÑITA Y DISFRUTE!

Introduzca las cañitas XXL y disfrute.

Latte de coco caliente

PARA 2 PERSONAS

PREPARACIÓN 15 MINUTOS

10 g de té negro Assam

400 ml de agua caliente

300 ml de leche de coco

100 ml de sirope de coco

160 g de perlas de tapioca cocidas (véase página 48)

1 PREPARE EL TÉ

Vierta el agua hirviendo en una tetera con el té negro y deje que infusione durante 10 minutos. Filtre y vierta el té en un termo para que se mantenga caliente.

2 MEZCLE

Vierta el té caliente en una coctelera y añada el sirope y la leche de coco.
Agite la mezcla dos o tres veces.

3 AÑADA LAS PERLAS DE TAPIOCA

Vierta en cada vaso las perlas de tapioca y añada la preparación de té.

4 ¡HÁGASE CON UNA CAÑITA Y DISFRUTE!

Introduzca las cañitas XXL y disfrute su bebida caliente. También se puede consumir frío en verano.

Melocotón y bebida de avena

PARA 2 PERSONAS

PREPARACIÓN 15 MINUTOS

10 g de té negro Assam

400 ml de agua caliente

300 ml de bebida de avena

100 ml de sirope de melocotón

160 g de perlas de tapioca cocidas (véase página 48)

1 PREPARE EL TÉ

Vierta el agua hirviendo en una tetera con el té negro y deje que infusione durante 10 minutos. Filtre y vierta el té en una jarra para que se enfríe.

2 MEZCLE

Vierta en una coctelera el té tibio o frío y añada la bebida de avena y el sirope de melocotón. Agite la mezcla dos o tres veces.

3 AÑADA LAS PERLAS DE TAPIOCA

Vierta en cada vaso las perlas de tapioca y añada la preparación de té.

4 ¡HÁGASE CON UNA CAÑITA Y DISFRUTE!

Introduzca las cañitas XXL y disfrute su té de perlas tibio o frío.

Latte con caramelo

PARA 2 PERSONAS
PREPARACIÓN 15 MINUTOS

10 g de té negro Assam

400 ml de agua caliente

300 ml de leche de vaca

100 ml de caramelo líquido

2 cucharadas de vainilla líquida

160 g de perlas de tapioca cocidas (véase página 48)

1 PREPARE EL TÉ

Vierta el agua hirviendo en una tetera con el té negro y deje que infusione durante 10 minutos. Filtre y vierta el té en un termo para que se mantenga caliente.

2 MEZCLE

Vierta en una coctelera el té caliente y añada el caramelo y la vainilla líquidos y la leche de vaca. Agite la mezcla dos o tres veces.

3 AÑADA LAS PERLAS DE TAPIOCA

Vierta en cada vaso las perlas de tapioca y añada la preparación de té.

4 ¡HÁGASE CON UNA CAÑITA Y DISFRUTE!

Introduzca las cañitas XXL y disfrute su té de perlas caliente. También se puede tomar frío en verano.

Plátano y fresa

PARA 2 PERSONAS

PREPARACIÓN 15 MINUTOS

10 g de té negro Assam

400 ml de agua caliente

300 ml de bebida vegetal
(soja, avena...)

100 ml de sirope de fresa
y plátano

160 g de perlas de tapioca
cocidas (véase *página 48*)

Unas cuantas fresas para
decorar

1 PREPARE EL TÉ

Vierta el agua hirviendo en una tetera con el té negro
y deje que infusione durante 10 minutos. Filtre y vierta
el té en un termo para que se mantenga caliente.

2 MEZCLE

Vierta en una coctelera el té caliente y añada el sirope
de fresa y plátano y la bebida vegetal.
Agite la mezcla dos o tres veces.

3 AÑADA LAS PERLAS DE TAPIOCA

Vierta en cada vaso las perlas de tapioca, añada
unas cuantas rodajas de fresa para decorar y vierta
la preparación de té por encima.

4 ¡HÁGASE CON UNA CAÑITA Y DISFRUTE!

Introduzca las cañitas XXL y disfrute su té de perlas
caliente. También se puede tomar frío en verano.

Mango y maracuyá

PARA 2 PERSONAS

PREPARACIÓN 15 MINUTOS

10 g de té negro Assam

400 ml de agua caliente

300 ml de bebida vegetal o de vaca

100 ml de sirope de mango o sabor tropical

160 g de perlas de tapioca cocidas (véase página 48)

1 maracuyá cortado en dos

Unos cuantos cubitos de hielo (opcional)

1 PREPARE EL TÉ

Vierta el agua hirviendo en una tetera con el té negro y deje que infusione durante 10 minutos. Filtre y vierta el té en una jarra para que se enfríe (también puede mantenerlo caliente en un termo).

2 MEZCLE

Ponga la pulpa de maracuyá en un colador pequeño, filtre el zumo y deseche las semillas y la pulpa. Vierta el zumo de maracuyá en una coctelera y añada el té, el sirope de mango y la leche.
Agite la mezcla dos o tres veces.

3 AÑADA LAS PERLAS DE TAPIOCA

Vierta en cada vaso las perlas de tapioca y añada la preparación de té.

4 ¡HÁGASE CON UNA CAÑITA Y DISFRUTE!

Añada cubitos de hielo si va a tomarlo frío y las cañitas XXL.

BUBBLE MANIA

THE LAZY PANDA CAFE

Azúcar moreno

PARA 2 PERSONAS	

PREPARACIÓN 15 MINUTOS

10 g de té negro Assam

400 ml de agua caliente

300 ml de leche de vaca

100 ml de sirope de azúcar moreno «Brown sugar»

160 g de perlas de tapioca cocidas (véase página 48)

1 PREPARE EL TÉ

Vierta el agua hirviendo en una tetera con el té negro y deje que infusione durante 10 minutos. Filtre y vierta el té en un termo para que se mantenga caliente.

2 MEZCLE

Vierta el té caliente en una coctelera y añada el sirope de azúcar moreno y la leche de vaca. Agite la mezcla dos o tres veces.

3 AÑADA LAS PERLAS DE TAPIOCA

Vierta en cada vaso las perlas de tapioca. Rocíe las paredes de los vasos con sirope de azúcar moreno y añada la preparación de té. Se puede tomar caliente, tibio o frío.

4 ¡HÁGASE CON UNA CAÑITA Y DISFRUTE!

Introduzca las cañitas XXL y disfrute su té de perlas de inmediato.

Té matcha

PARA 2 PERSONAS

PARA 2 PERSONAS

PREPARACIÓN 15 MINUTOS

10 g de té matcha molido

300 ml de agua caliente

300 ml de bebida vegetal
o de vaca

80 ml de sirope de azúcar
de caña líquido

160 g de perlas de tapioca
cocidas (véase página 48)

1 PREPARE EL TÉ

Ponga el té matcha en un bol y vierta 50 ml de agua caliente. Bátalo con unas varillas de bambú o unas varillas pequeñas, vierta la preparación en la tetera y añada el resto de agua.

2 AÑADA LAS PERLAS DE TAPIOCA

Vierta en cada vaso las perlas de tapioca y añada la leche o la bebida vegetal y el sirope de azúcar líquido.

3 VIERTA EL TÉ

Vierta el té matcha por encima.

4 ¡HÁGASE CON UNA CAÑITA Y DISFRUTE!

Añada cubitos de hielo y las cañitas XXL.

Leche condensada, nata y vainilla

PARA 2 PERSONAS

PREPARACIÓN 15 MINUTOS

10 g de té negro Assam

450 ml de agua caliente

200 ml de leche condensada

2 cucharadas de vainilla líquida

160 g de perlas de tapioca cocidas (véase página 48)

1 bote de nata en espray

2 cucharadas de sirope de azúcar moreno

1 PREPARE EL TÉ

Vierta el agua hirviendo en una tetera con el té negro y deje que infusione durante 10 minutos. Filtre y vierta el té en un termo para mantenerlo caliente.

2 AÑADA LAS PERLAS DE TAPIOCA Y MEZCLE

Vierta en cada vaso las perlas de tapioca, añada la leche condensada y la vainilla líquida. Vierta el té negro caliente y mezcle con una cuchara, pero solo una o dos vueltas.

3 AÑADA LA NATA

Añada un poco de nata sobre cada vaso y termine con el sirope de azúcar moreno.

4 ¡HÁGASE CON UNA CAÑITA Y DISFRUTE!

Introduzca las cañitas XXL y disfrute su té de perlas de inmediato.

Taro

PARA 2 PERSONAS	

PREPARACIÓN 15 MINUTOS

10 g de té negro Assam

450 ml de agua caliente

100 ml de leche condensada

2 cucharadas de taro
en polvo para té de perlas

160 g de perlas de tapioca
cocidas (véase página 48)

1 PREPARE EL TÉ

Vierta el agua hirviendo en una tetera con el té negro y deje que infusione durante 10 minutos. Filtre y vierta el té en un termo para que se mantenga caliente.

2 MEZCLE

Vierta el té caliente en una coctelera y añada la leche condensada y el taro en polvo. Agite la mezcla dos o tres veces.

3 AÑADA LAS PERLAS DE TAPIOCA

Vierta en cada vaso las perlas de tapioca y añada la preparación de té.

4 ¡HÁGASE CON UNA CAÑITA Y DISFRUTE!

Introduzca las cañitas XXL y disfrute su té de perlas caliente o frío.

Crema quemada

PARA 2 PERSONAS

PREPARACIÓN 15 MINUTOS

10 g de té negro Assam

450 ml de agua caliente

170 ml de leche de vaca

200 ml de nata líquida

4 cucharadas de azúcar moreno

160 g de perlas de tapioca cocidas (véase página 48)

2 o 3 cucharadas de azúcar glas

1 PREPARE EL TÉ

Vierta el agua hirviendo en una tetera con el té negro y deje que infusione durante 10 minutos. Filtre y vierta el té en un termo para que se mantenga caliente.

2 AÑADA LAS PERLAS DE TAPIOCA Y MEZCLE

Vierta en cada vaso las perlas de tapioca y el té negro. En una coctelera vierta la leche de vaca y un poco de azúcar moreno.
Agite la mezcla dos o tres veces y vierta la leche en vasos altos.

3 AÑADA LA NATA

Bata la nata líquida muy fría durante 5 minutos con unas varillas eléctricas, añada un poco de azúcar glas y pare antes de que la nata esté completamente montada. Debería estar espesa pero no esponjosa. Añádala a cada vaso y esparza azúcar moreno por encima. Pase un soplete durante 4 o 5 segundos sobre el azúcar.

4 ¡HÁGASE CON UNA CAÑITA Y DISFRUTE!

Introduzca las cañitas XXL y disfrute su té de perlas de inmediato.

Té de perlas

Nombre masculino

El té de perlas se llama *zenzou* en chino, que significa literalmente «té con leche y perlas». Es una bebida de origen taiwanés que nació en la década de 1980 en una casa de té de la ciudad de Taichung. Se trata de una mezcla de té (verde, negro o blanco) frío o caliente, y leche con perlas de tapioca, de fruta o de gelatina. A menudo se le añade un saborizante frutal y se disfruta con una cañita.

Té verde de jazmín y lima

PARA 2 PERSONAS

PREPARACIÓN 15 MINUTOS

10 g de té verde de jazmín o sencha

450 ml de agua caliente

50 ml de sirope de lima

150 g de perlas de fruta de lima (véase página 48)

1 lima

Cubitos de hielo

1 PREPARE EL TÉ

Vierta el agua hirviendo en una tetera con el té verde y deje que infusione durante 10 minutos. Filtre y vierta el té en una jarra para que se enfríe.

2 MEZCLE

Vierta el té verde en una coctelera con el sirope de lima. Agite la mezcla dos o tres veces.

3 AÑADA LAS PERLAS DE FRUTA

Vierta en cada vaso las perlas de fruta y unos cuantos cubitos y añada el té.

4 ¡HÁGASE CON UNA CAÑITA Y DISFRUTE!

Introduzca unas rodajas de lima, las cañitas XXL y disfrute su té de perlas muy frío.

Manzana verde

PARA 2 PERSONAS

PREPARACIÓN 15 MINUTOS

10 g de té verde

450 ml de agua caliente

100 ml de sirope de manzana verde

160 g de perlas de fruta de manzana verde (véase página 48)

Cubitos de hielo

1 PREPARE EL TÉ

Vierta el agua hirviendo en una tetera con el té verde y deje que infusione durante 10 minutos. Filtre y vierta el té en una jarra para que se enfríe.

2 MEZCLE

Vierta el té verde en una coctelera junto al sirope de manzana verde.
Agite la mezcla dos o tres veces.

3 AÑADA LAS PERLAS DE FRUTA

Vierta en cada vaso las perlas de fruta, unos cuantos cubitos de hielo y el té.

4 ¡HÁGASE CON UNA CAÑITA Y DISFRUTE!

Introduzca las cañitas XXL y disfrute su té de perlas de inmediato.

Maracuyá

PARA 2 PERSONAS

PREPARACIÓN 15 MINUTOS

10 g de té negro, verde
o blanco

450 ml de agua caliente

80 ml de sirope de frutas
tropicales

160 g de perlas de fruta
de maracuyá
(véase página 48)

Cubitos de hielo

1 PREPARE EL TÉ

Vierta el agua hirviendo en una tetera con el té y deje que infusione durante 10 minutos. Filtre y vierta el té en una jarra para que se enfríe.

2 MEZCLE

Vierta el té en una coctelera y añada el sirope de frutas tropicales.
Agite la mezcla dos o tres veces.

3 AÑADA LAS PERLAS DE FRUTA

Vierta en cada vaso las perlas de fruta, unos cuantos cubitos y el té.

4 ¡HÁGASE CON UNA CAÑITA Y DISFRUTE!

Introduzca las cañitas XXL y disfrute su té de perlas de inmediato.

Granada y granadina

PARA 2 PERSONAS

PREPARACIÓN 15 MINUTOS

10 g de té verde

450 ml de agua caliente

80 ml de sirope de granadina

160 g de perlas de granada (véase página 48)

Cubitos de hielo

1 PREPARE EL TÉ

Vierta el agua hirviendo en una tetera con el té verde y deje que infusione durante 10 minutos. Filtre y vierta el té en una jarra para que se enfríe.

2 MEZCLE

Vierta el té en una coctelera y añada el sirope de granadina.
Agite la mezcla dos o tres veces.

3 AÑADA LAS PERLAS DE FRUTA

Vierta en cada vaso las perlas de fruta, unos cuantos cubitos y el té.

4 ¡HÁGASE CON UNA CAÑITA Y DISFRUTE!

Introduzca las cañitas XXL y disfrute su té de perlas de inmediato.

LAS PERLAS DE TAPIOCA

Estas perlas, llamadas «bobas», provienen de la raíz de la mandioca amarga. No tienen mucho sabor pero su textura blanda y suave es muy apreciada. La tapioca se producía tradicionalmente en Sudamérica y los europeos la descubrieron en el siglo XVI. A partir de entonces se extendió por el resto del mundo y hoy se utiliza de distintas formas. Una de las principales ventajas de la tapioca, además de sus características nutricionales (es saciante), es que no tiene gluten.

PARA 2 PERSONAS

600 ml de agua •
200 g de perlas
de tapioca •
150 g de azúcar

Lleve 400 ml de agua a ebullición y añada las perlas de tapioca. Cuando suban a la superficie, déjelas hervir durante 30 minutos. Escúrralas bajo el grifo de agua fría y sumérjalas en un bol con agua fría y azúcar. Hierva el resto del agua y el azúcar. Cuando el azúcar se disuelva, vierta las perlas en la solución azucarada.
Se pueden conservar hasta 3 días dentro de esta solución azucarada en el frigorífico.

LAS PERLAS

LAS GELATINAS

Se trata de una gelatina de frutas que se puede elaborar en casa y que puede sustituir las perlas de tapioca o de sirope de frutas.

PARA 2 PERSONAS

5 g de agar-agar • 500 ml de agua o de agua de coco o de zumo de fruta • 70 g de azúcar extrafino • 2-4 gotas de colorante alimentario (rojo, verde, amarillo) o de extracto de pandán (verde)

Lleve el agua y el azúcar a ebullición. Retire la cacerola del fuego e incorpore el polvo de agar-agar. Mezcle bien.
Vuelva a calentar la preparación a fuego lento y mezcle durante 5 minutos.
Añada una gota de colorante y remueva.
Vierta la preparación en una fuente para horno rectangular o en un recipiente de plástico transparente. Deje que se enfríe un poco antes de meterlo en el frigorífico durante 5 horas para que gelifique. Cuando la gelatina esté lista, se puede cortar en dados e incorporarla a los vasos.

LAS PERLAS DE SIROPE DE FRUTA

Se encuentran en algunos supermercados, en tiendas de alimentación asiáticas o por internet en comercios especializados en té de perlas. Se elaboran con siropes de sabores frutales y están recubiertas con una fina película de gelatina comestible que se rompe fácilmente al masticarlas.

Frambuesa

PARA 2 PERSONAS	
PREPARACIÓN 15 MINUTOS	

10 g de té verde

450 ml de agua caliente

*60 ml de sirope
de frambuesa*

*160 g de perlas
de frambuesa
(véase página 48)*

4 o 6 frambuesas frescas

Cubitos de hielo

1 PREPARE EL TÉ

Vierta el agua hirviendo en una tetera con el té
verde y deje que infusione durante 10 minutos.
Filtre y vierta el té en una jarra para que se enfríe.

2 MEZCLE

Vierta el té en una coctelera y añada el sirope
de frambuesa.
Agite la mezcla dos o tres veces.

3 AÑADA LAS PERLAS DE FRUTA

Vierta en cada vaso las perlas de fruta,
unos cuantos cubitos y el té.

4 ¡HÁGASE CON UNA CAÑITA Y DISFRUTE!

Introduzca las cañitas XXL, unas cuantas
frambuesas frescas y disfrute su té de perlas
de inmediato.

Lichi
y sirope de rosa

PARA 2 PERSONAS

PREPARACIÓN 15 MINUTOS

10 g de té blanco

450 ml de agua caliente

80 ml de zumo de lichi

160 g de perlas de lichi (véase página 48)

50 ml de sirope de rosa

Cubitos de hielo

1 PREPARE EL TÉ

Vierta el agua hirviendo en una tetera con el té blanco y deje que infusione durante 10 minutos. Filtre y vierta el té en una jarra para que se enfríe.

2 MEZCLE

Vierta el té blanco en una coctelera y añada el zumo de lichi.

3 AÑADA LAS PERLAS DE FRUTA

Vierta en cada vaso las perlas de fruta, unos cuantos cubitos y el té.

4 ¡HÁGASE CON UNA CAÑITA Y DISFRUTE!

Introduzca las cañitas XXL y vierta el sirope de rosa justo antes de consumir la bebida (para obtener un color degradado).

Gelatina de fresa y té helado

PARA 2 PERSONAS

PREPARACIÓN 15 MINUTOS

10 g de té verde

450 ml de agua caliente

80 ml de sirope de melocotón

4 fresas

80 g de gelatina de fresa (véase página 48)

Cubitos de hielo

1 PREPARE EL TÉ

Vierta el agua hirviendo en una tetera con el té verde y deje que infusione durante 10 minutos. Filtre y vierta el té en una jarra para que se enfríe.

2 MEZCLE

Vierta el té verde en una coctelera y añada el sirope de melocotón.
Agite la mezcla dos o tres veces.

3 AÑADA LA GELATINA DE FRUTA

Vierta en cada vaso la gelatina de fruta, unos cuantos cubitos y el té.

4 ¡HÁGASE CON UNA CAÑITA Y DISFRUTE!

Introduzca las cañitas XXL, unos trozos de fresa y disfrute su té de perlas de inmediato.

LAS REGLAS DE ORO

Para un vaso de 400 ml
Para tomar con o sin hielo

TÉ DE PERLAS
FUERTE DE TÉ

perlas
80 g

leche
150 ml

té
200 ml

sirope
50 ml

TÉ DE PERLAS MÁS DULCE
Y CON MENOS LECHE

perlas
80 g

leche
100 ml

té
200 ml

sirope
100 ml

TÉ DE PERLAS *LATTE* NO MUY DULCE

 perlas
80 g

 leche
180 ml

  té
250 ml

 sirope
20 ml

TÉ DE PERLAS CON EXTRA DE PERLAS

  perlas
120 g

   té
300 ml

Gelatina de pomelo

PARA 2 PERSONAS

PREPARACIÓN 15 MINUTOS

10 g de té blanco

450 ml de agua caliente

80 ml de zumo de pomelo fresco

150 g de gelatina de pomelo (véase página 48)

1 cucharada de azúcar glas o de sirope de azúcar

Unas rodajas de pomelo (opcional)

1 PREPARE EL TÉ

Vierta el agua hirviendo en una tetera con el té blanco y deje que infusione durante 10 minutos. Filtre y vierta el té en una jarra para que se enfríe.

2 MEZCLE

Vierta el té en una coctelera y añada el zumo de pomelo y el sirope de azúcar o el azúcar glas.
Agite la mezcla dos o tres veces.

3 AÑADA LA GELATINA DE FRUTA

Vierta en cada vaso la gelatina de fruta y añada la preparación de té.

4 ¡HÁGASE CON UNA CAÑITA Y DISFRUTE!

Introduzca las cañitas XXL y disfrute su té de perlas de inmediato. Puede añadir unas rodajas de pomelo a los vasos.

Gelatina de limón

PARA 2 PERSONAS	
PREPARACIÓN 15 MINUTOS	

10 g de té blanco

450 ml de agua caliente

80 ml de zumo de limón

*150 g de gelatina de limón
(véase página 48)*

*1 cucharada de azúcar glas
o de sirope de azúcar*

*Unas rodajas de limón
(opcional)*

1. PREPARE EL TÉ

Vierta el agua hirviendo en una tetera con el té blanco y deje que infusione durante 10 minutos. Filtre y vierta el té en una jarra para que se enfríe.

2. MEZCLE

Vierta el té en una coctelera y añada el zumo de limón y el sirope de azúcar o el azúcar glas. Agite la mezcla dos o tres veces.

3. AÑADA LA GELATINA DE FRUTA

Vierta en cada vaso la gelatina de limón y la preparación de té.

4. ¡HÁGASE CON UNA CAÑITA Y DISFRUTE!

Introduzca las cañitas XXL y disfrute su té de perlas de inmediato. Puede añadir rodajas de limón a los vasos.

Gelatina de hierba y leche de coco

PARA 2 PERSONAS

PREPARACIÓN 15 MINUTOS

10 g de té verde

450 ml de agua caliente

150 g de gelatina de hierba (grass jelly, en tiendas de alimentación asiáticas)

200 ml de leche de coco

50 ml de sirope de cereza

Cubitos de hielo

1 **PREPARE EL TÉ**

Vierta el agua hirviendo en una tetera con el té y deje que infusione durante 10 minutos. Filtre y vierta el té en una jarra para que se enfríe.

2 **MEZCLE**

Vierta el té verde en una coctelera y añada la leche de coco.
Agite la mezcla dos o tres veces.

3 **AÑADA LA GELATINA DE HIERBA**

Corte la gelatina de hierba en dados y añádalos a cada vaso.
Vierta la preparación de té y añada cubitos de hielo.

4 **¡HÁGASE CON UNA CAÑITA Y DISFRUTE!**

Introduzca las cañitas XXL, vierta el sirope de cereza y mezcle con la cañita antes de disfrutarlo.

Gelatina de pandán

PARA 2 PERSONAS

PREPARACIÓN 15 MINUTOS

10 g de té blanco

450 ml de agua caliente

*100 ml de zumo
de aloe vera*

*150 g de gelatina de
pandán (véase página 48)*

*1 cucharada de azúcar glas
o de sirope de azúcar*

Cubitos de hielo

1 PREPARE EL TÉ

Vierta el agua hirviendo en una tetera con el té blanco
y deje que infusione durante 10 minutos. Filtre y vierta
el té en una jarra para que se enfríe.

2 MEZCLE

Vierta el té en una coctelera y añada el zumo de aloe vera
y el azúcar.
Agite la mezcla dos o tres veces.

3 AÑADA LA GELATINA DE PANDÁN

Vierta en cada vaso la gelatina de pandán
y la preparación de té.

4 ¡HÁGASE CON UNA CAÑITA Y DISFRUTE!

Introduzca las cañitas XXL y unos cubitos de hielo antes
de disfrutar su té de perlas.

DISFRÚTELO CON...

Piruletas de gofre

500 g de harina T45 • 200 g de mantequilla con sal • 40 g de azúcar moreno • 200 ml de leche • 2 huevos • 22 g de levadura fresca de panadero o 7 g de levadura seca instantánea de panadero • 150 g deperlas de azúcar decorativas • palitos para las piruletas • 1 bote de nata en espray

Saque la mantequilla del frigorífico 2 horas antes de preparar la masa para que se ablande. Caliente la leche hasta que esté tibia, pásela al vaso de la batidora y añada la levadura.

Añada la harina, el azúcar moreno y los huevos. Amase durante 5 minutos a la velocidad mínima. Añada la mantequilla y siga amasando a velocidad lenta durante 10 minutos más. Haga una bola con la masa dentro del vaso y tape el vaso. Deje que la masa suba a temperatura ambiente durante una hora y media. Separe porciones de 100 g y cuézalas en una gofrera. Introduzca un palito en cada gofre y disfrútelos tibios con un poco de nata y perlas de azúcar multicolores.

TAMBIÉN CON...

Bolitas
de coco y fruta

BLUME

Título original *Bubble Tea*

Estilismo Sandra Mahut
Ilustraciones Valentine Ferrandi
Diseño NoOok
Traducción Carolina Bastida Serra
Revisión de la edición en lengua española
Alfredo Pestana Mota
Profesor de cocina y creador de contenidos gastronómicos
Coordinación de la edición en lengua española
Cristina Rodríguez Fischer

Primera edición en lengua española 2024

© 2024 Naturart, S.A. Editado por BLUME
Carrer de les Alberes, 52, 2.º, Vallvidrera
08017 Barcelona
Tel. 93 205 40 00 e-mail: info@blume.net
© 2023 Hachette Livre (Marabout), Vanves (Francia)

I.S.B.N.: 978-84-19785-81-7
Depósito legal: B. 16304-2023
Impreso en China

WWW.BLUME.NET

MIXTO
Papel | Apoyando la
silvicultura responsable
FSC® C104723